Eisen del.   P. E. Torchon Sculp.

ETRENNES
GEOGRAPHIQUES
Année 1761.
ROYAUME DE FRANCE
divisé par Generalités
Subdivisé par Elections
Dioceses Bailliages &c.ª
Par L. A. Du Caille.
Gravé par Lattré.
A PARIS
Chez Ballard Imprimeur du Roy,
Rue S.t Jean de Beauvais à S.te Cecile.
Avec Privilege du Roy.

TABLE

Contenant toutes les Cartes de ce Recueil

Nota

Dans la Carte de la Generalité d'Amiens N°3. se trouvent celles de Flandre, Artois, Hay-nault et Maubeuge

LE ROYAUME DE FRANCE
Divisé en toutes ses Generalités et ses Acquisitions
I. A. D.
Lieues Communes de France
Grandes Lieues de France
Lieues Communes d'Allemagne
OCEAN
LA MANCHE
MER MEDITERRANÉE
Golfe de Genes
G. de Lyon
ANGLETERRE
BRETAGNE
ARTOIS
HAYNAU
HESSE
LORRAINE
ALSACE
SCUABE
SUISSES
SAVOYE
DAUPHINE
PROVENCE
ROUSSILLON
D. DE MILAN
FRANCHE COMTE
G. DE BOURGOGNE
G. DE LYON
G. DE ROUEN
GENER. D'ORLEANS
G. DE TOURS
G. DE PARIS
G. DE CHALONS
G. DE POITIERS
G. DE LA ROCHELLE
G. DE BORDEAUX
G. DE LIMOGES
G. DE RIOM
G. DE MONTAUBAN
G. DE MONTPELLIER
BIGORRE
FOIX
PARIS
Calais
Dunkerque
Gand
Bruxelles
Mons
Namur
Liege
Cologne
Coblens
Treves
Worms
Strasbourg
Boulogne
Amiens
Reims
Chalons
Verdun
Metz
Nancy
Toul
Besancon
Dole
Rouen
le Havre
Dieppe
Caen
Cherbourg
Alencon
Tours
Orleans
Blois
Nantes
Saumur
Poitiers
Limoges
Angouleme
la Rochelle
Bordeaux
Bazas
Albret
Pau
Perpignan
Toulouse
Montauban
Cahors
Rodez
Montpellier
Nismes
Alais
Le Puy
Clermont
Riom
Moulins
Nevers
Autun
Dijon
Macon
Lyon
Vienne
Grenoble
Valence
Embrun
Digne
Aix
Marseille
Toulon
Antibes
Turin
Genes
Geneve
Quimper
Vannes
Laval
Rennes
Bellisle
Luçon
Zurich
Constance
Friburg
Berne
Lucerne

GEN: D'AMIENS
GENERALITÉ DE
PARIS
Divisée en 22. Elections.
Sçavoir
Paris, Beauvais, Compiegne,
Sens, Meaux, Coulommiers,
Rozoy, Montereau, Provins,
Nogent, Senlis, St. Florentin,
Joigny, Tonnerre, Nemours,
Melun, Estampes, Mante,
Montfort l'Amaury, Dreux,
Pontoise, et Vezelay.
Par L. C. L. Dusaud.
1761.
GENERALITÉ DE ROUEN
Rouen
Pont de l'Arche
Andely
Louviers
Vernon
Pacy
ELEC. DE BEAUVAIS
MANTE
ELEC. DE MANTE
DREUX
ELEC. DE DREUX
Montfort
ELEC. DE PARIS
PARIS
SENLIS
COMPIEGNE
Chat. Thierry
MEAUX
ELEC. DE COULOMMIERS
ROZOY
DE PROVINS
Corbeil
MELUN
ELEC. DE MELUN
MONTEREAU
ELEC. DE MONTEREAU
NOGENT
Estampes
ELEC. D'ESTAMPES
Dourdan
Gallardon
GENER: D'ORLEANS

GEN.ᵗᵉ DE SOISSONS
GENER.ᵗᵉ D'ORLEANS
GENERAL.ᵗᵉ DE BOURGES
DUCHÉ DE BOURGOGNE
GEN.ᵗᵉ DE MOULINS
Pluvier
Chatillon
Montargis
Lorry
Chatillon
Gien
Briare
Cône
Sancerre
Pouilly
Bourges
Mesure
la Charité
Nevers
Troyes
Bar
JOIGNY
Auxerre
TONNERRE
Monbard
Sennu
Flavigny
VEZELAY
Avallon
Courtenay
Villeneuve
Monbard
Echelle
Lieues communes de France
Petites lieues de France
20   21   22
47   48

N.º 2.

LA GÉNÉRALITÉ DE
SOISSONS
divisée en Sept Elections.
Soissons, Laon, Guise, Noyon, Crépy,
Clermont et Château-Thierry.

GÉNÉRALITÉ

GÉNÉRALITÉ D'AMIEN

GÉNÉRALITÉ DE CHÁLONS

GÉNÉRALITÉ DE PARIS

GÉNÉR.

ELECTION DE GUISE

ELECTION DE NOYON

ELECTION DE SOISSONS

ELECTION DE LAON

ELECTION DE CLERMONT

ELECTION DE CREPY

ELECTION DE CHATEAU-THIERRY

Paris
Peronne
Rheims
Chálons
Clermont
Crepy
Pontoise
Beaumont
Chantilly
Creil
S. Denis
Lagny
Meaux
Montmirel

Lieues communes de France
Grandes Lieues de France

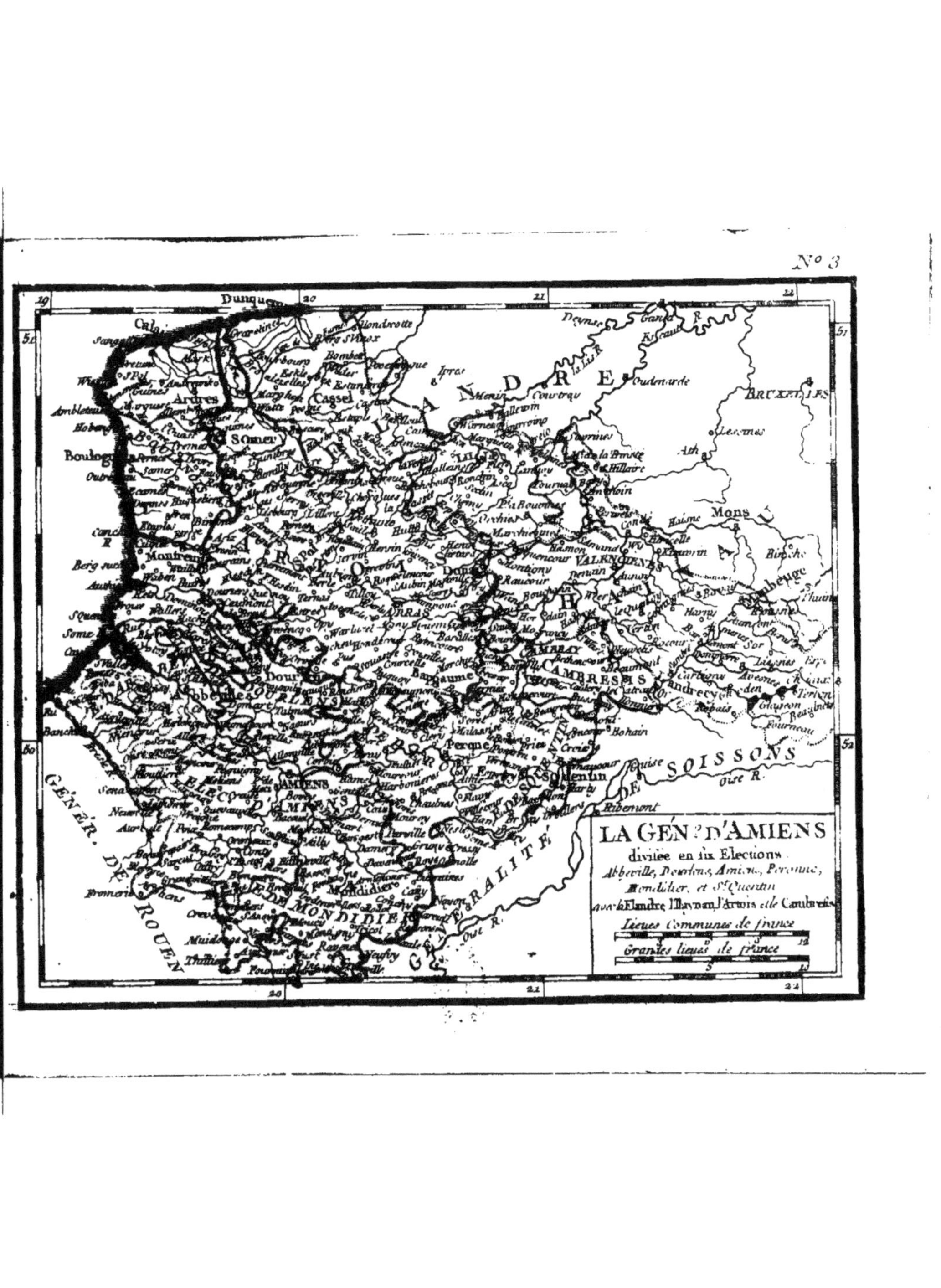
Dunquerque
BRUXELLES
Calais
Ardres
Cassel
Boulogne
Montreuil
ARRAS
Mons
VALENCIENNES
CAMBRAY
CAMBRESIS
St Quentin
DE SOISSONS
Oise R.
GÉNÉR. DE ROUEN
ELEC. D'AMIENS
AMIENS
DE MONDIDIER
GÉNÉRALITÉ
Oise R.
LA GÉN.e D'AMIENS
divisée en six Elections
Abbeville, Doulens, Amiens, Peronne,
Mondidier, et St Quentin
avec la Flandre Maynen, l'Artois et le Cambresis
Lieues Communes de France
Grandes lieuës de france

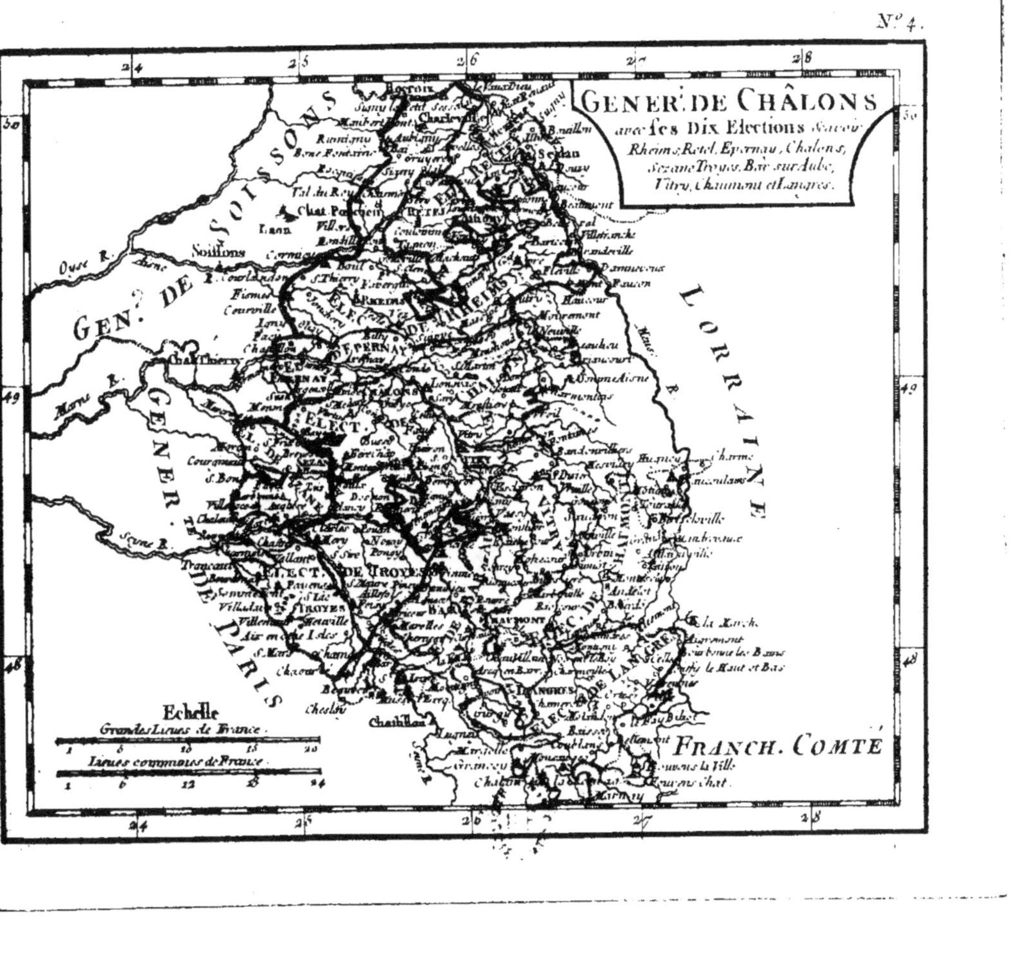

GENER. DE CHÂLONS
avec ses DIX Elections savoir
Rheims, Retel, Epernau, Chalons,
Sezane Troyes, Bar sur Aube,
Vitry, Chaumont et Langres.
GEN. DE SOISSONS
GEN. DE PARIS
LORRAINE
FRANCH. COMTÉ
ELECT. DE RHEIMS
ELECT. DE EPERNAY
ELECT. DE TROYES
Soissons
Laon
Chat. Thierry
TROYES
LANGRES
Sedan
Charleville
Echelle
Grandes Lieues de France.
Lieues communes de France.

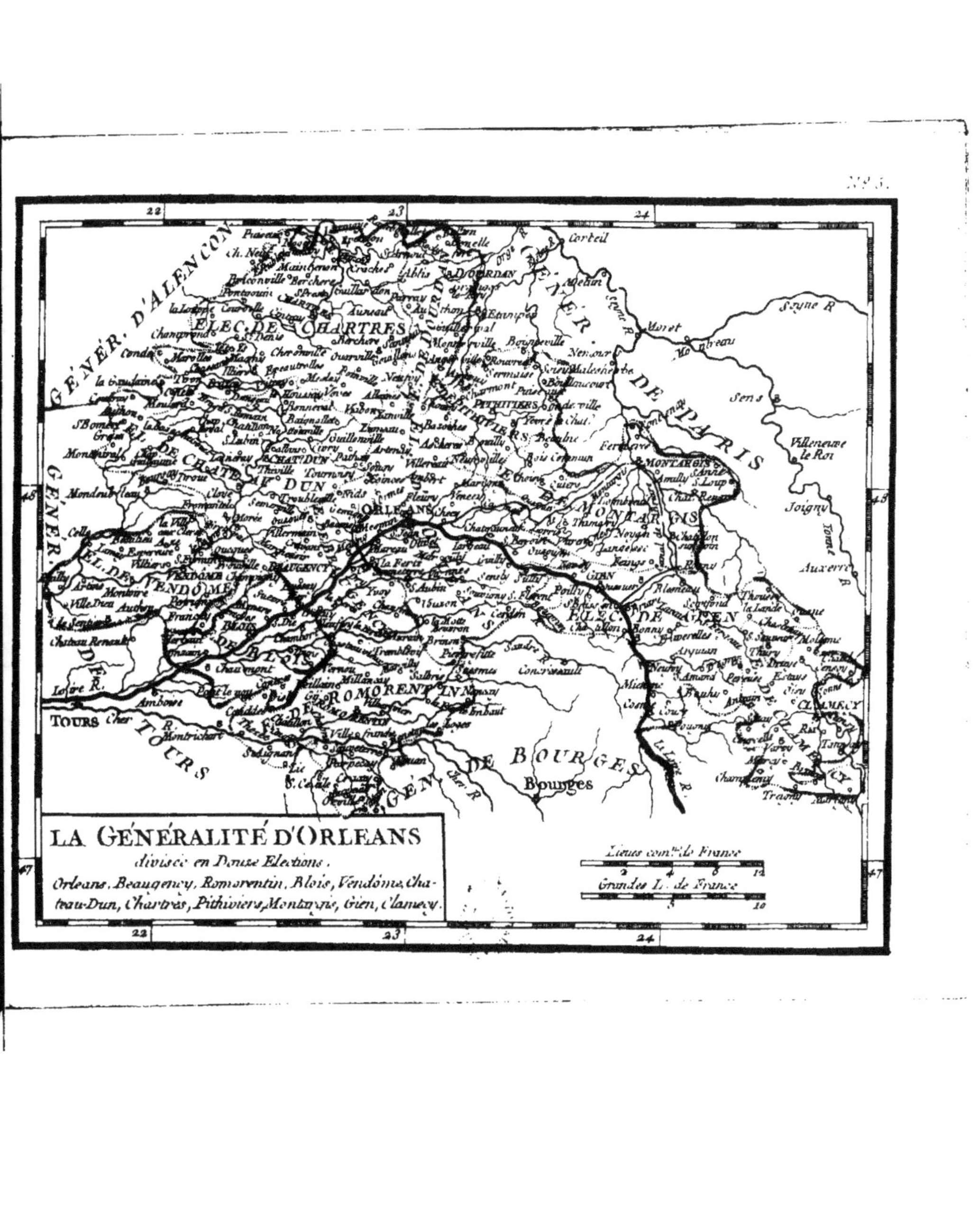

LA GÉNÉRALITÉ D'ORLÉANS
divisée en Douze Elections.
Orleans, Beaugency, Romorentin, Blois, Vendôme, Château-Dun, Chartres, Pithiviers, Montargis, Gien, Clamecy.
Lieues comm.es de France
Grandes L. de France

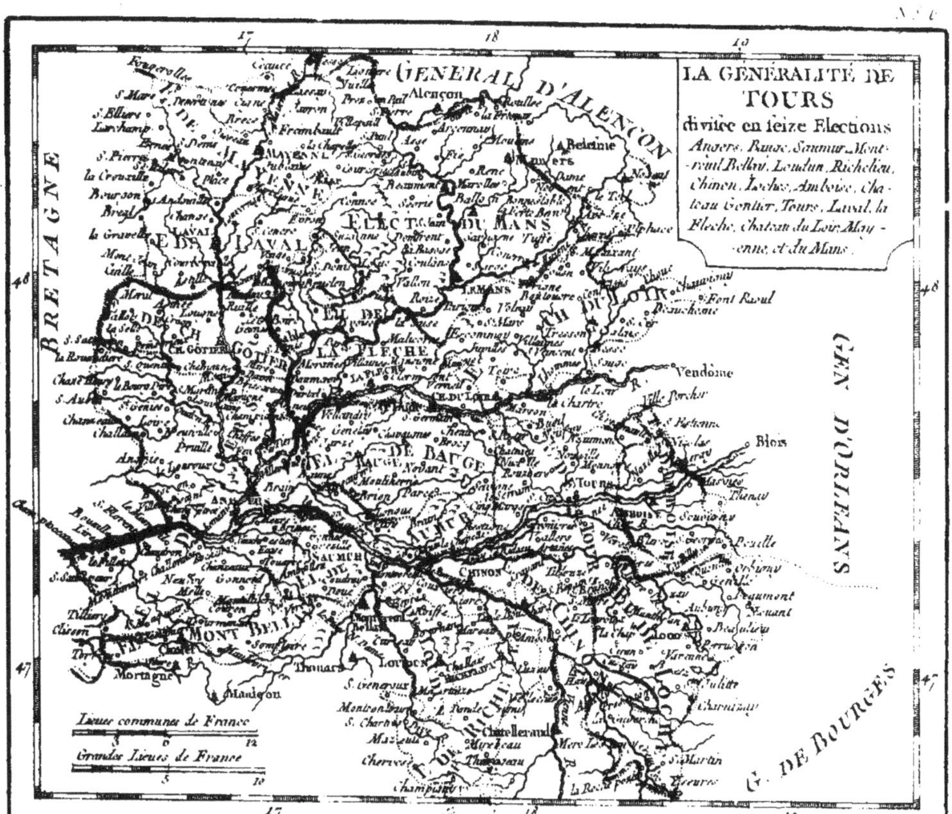

LA GÉNÉRALITÉ DE TOURS
diviſée en ſeize Elections
Angers, Bauge, Saumur, Mont-reuil Bellay, Loudun, Richelieu, Chinon, Loches, Amboise, Chateau Gontier, Tours, Laval, la Fleche, Chateau du Loir, Mayenne, et du Mans.
GENERAL D'ALENÇON
BRETAGNE
GEN D'ORLEANS
G. DE BOURGES
Lieues communes de France
Grandes Lieues de France
Alençon
Vendome
Blois
Tours
Chinon
Saumur
Loudun
Chatellerault
Thouars
Mortagne
Font Raoul

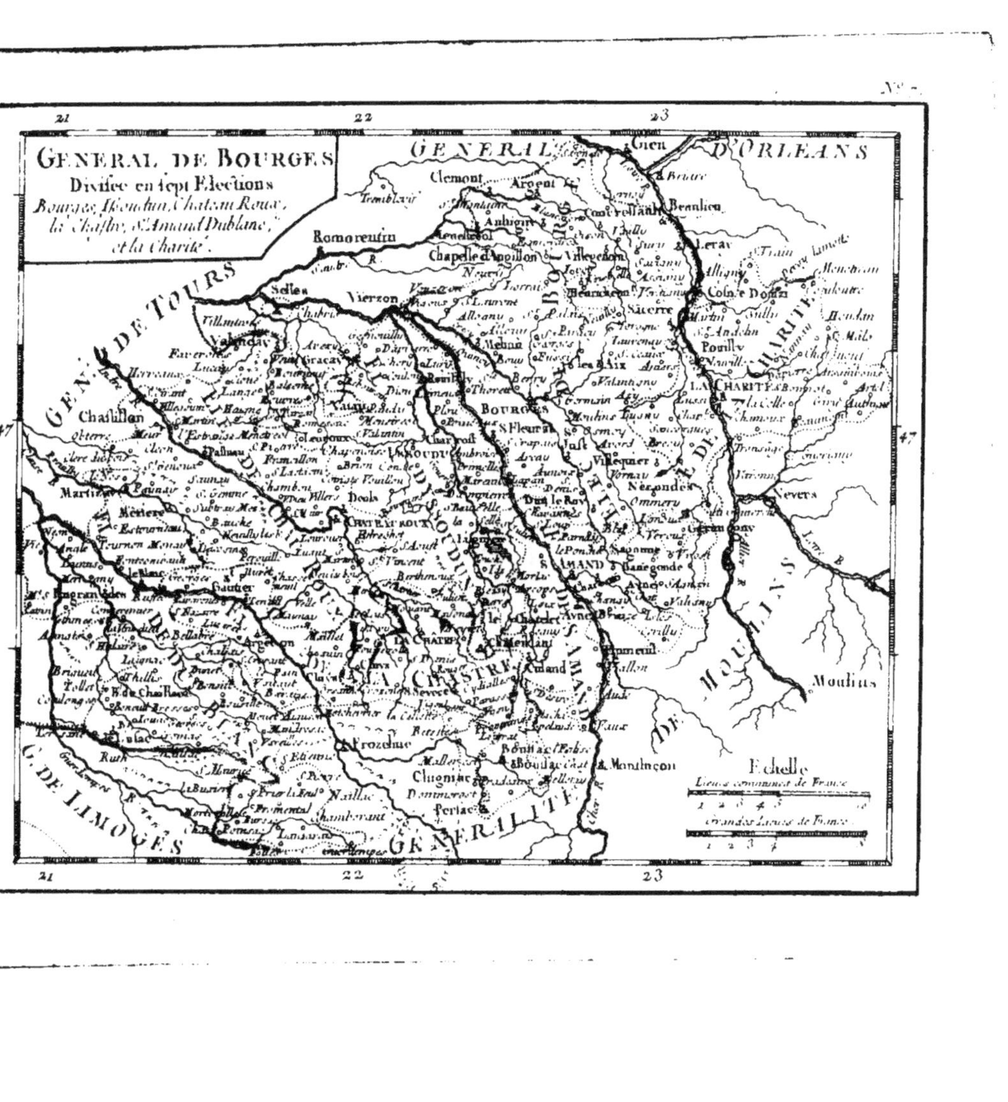

GENERAL DE BOURGES
Divisée en sept Elections
Bourges, Issoudun, Chateau Roux,
la Chastre, S.t Amand Dublanc,
et la Charité.
GENERAL
D'ORLEANS
GEN.le DE TOURS
G. DE LIMOGES
GENERALITE
DE MOULINS
Gien
Clemont
Argent
Tremblevir
Romorentin
Chapelle d'Angillon
Villevenon
Neuvi
Selles
Vierzon
Valençav
Villentin
Faverollee
Chastillon
LA CHARITE
BOURGES
S.t Fleurin
Gracay
Deols
CHATEAUROUX
ISSOUDUN
S.t AMAND
LA CHATRE
Argenton
Nevers
Moulins
Frozenue
Chaillac
Dun le Rov
Cluoniac
Perlac
Echelle
Lieues communes de France
grandes Lieues de France
21   22   23
47   47
N.o

GÉNÉRALITÉ DE MOULINS
divisée en sept Élections.
Moulins, Nevers, Chateau Chinon, Gannat,
Montluçon, Evaux et Guéret.
Lieues commune de France
Grandes Lieues de France
GENERALITÉ DE BOURGES
DUCHÉ DE BOURGOGNE
ELECTION DE MOULINS
ELECTION DE GANNAT
Argenton
Guerigny
S.t Amand
Nevers
la Charité
la Chapelle
Henrichemont
Donzy
Levroux
Montluçon
Gannat
Clermont

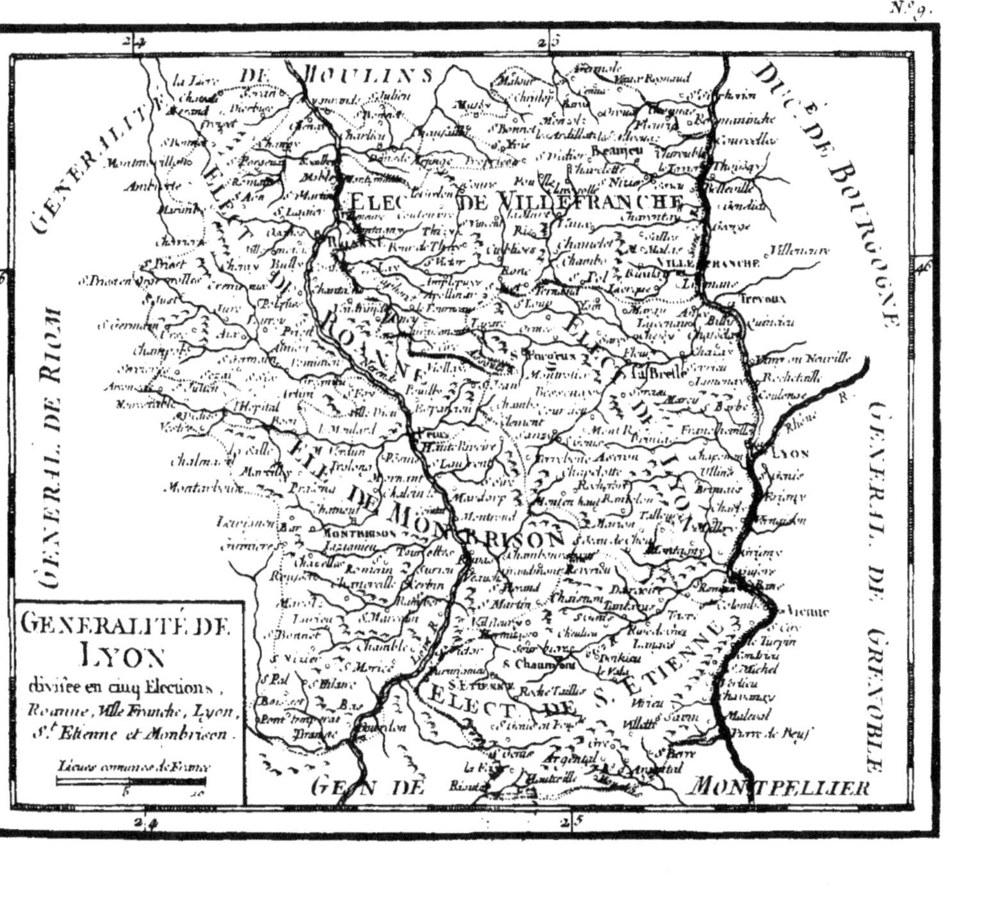

GENERALITÉ DE LYON
divisée en cinq Elections,
Roanne, Ville Franche, Lyon,
S.t Etienne et Monbrison.
Lieues communes de France
GENERALITÉ DE RIOM
GENERALITÉ
DUCÉ DE BOURGOGNE
GENERAL. DE GRENOBLE
DE MOULINS
ELECT. DE VILLEFRANCHE
ELECT. DE ROANNE
ELECT. DE LYON
ELECT. DE MONTBRISON
ELECT. DE S.T ETIENNE
VILLEFRANCHE
Trevoux
LYON
MONTBRISON
GEN. DE MONTPELLIER

LA GÉNÉR. DE RIOM
divisée en Six Elections.
Riom, Clermont, Aurillac, S.Flour,
Issoire, Brioude.
GÉNÉR. DE LIMOGES
GÉN. DE RIOM
ELECT. D'AURILLAC
GÉNÉR. DE MONTAUBAN
ELECT. DE S.FLOUR
GÉNÉR. DE MONTPELLIER
ELECT. DE BRIOUDE
G. DE MOULINS
GÉNÉR. DE LYON
Lieues Communes de France.
Petites Lieues de 15 au Degré.
AURILLAC
CLERMONT
RIOM
ISSOIRE
S.FLOUR
BRIOUDE

LA GÉNÉRALITÉ DE POITIERS, *ou sont*
les Elections *de* Poitiers, *de* Chatelleraud, *de* Thouars,
de St.Maixent, *de* Niort, *de* Fontenay-le-Comte, *de* Mau-
leon, *des* Sables d'Olonne, *et de* Consolens.
L. A. Ducaille.

GENERALITÉ DE LIMOGES
Divisée en cinq Élections.
Limoges, Brive, Tulle, Bourganeuf et Angoulesme.

N° 13.

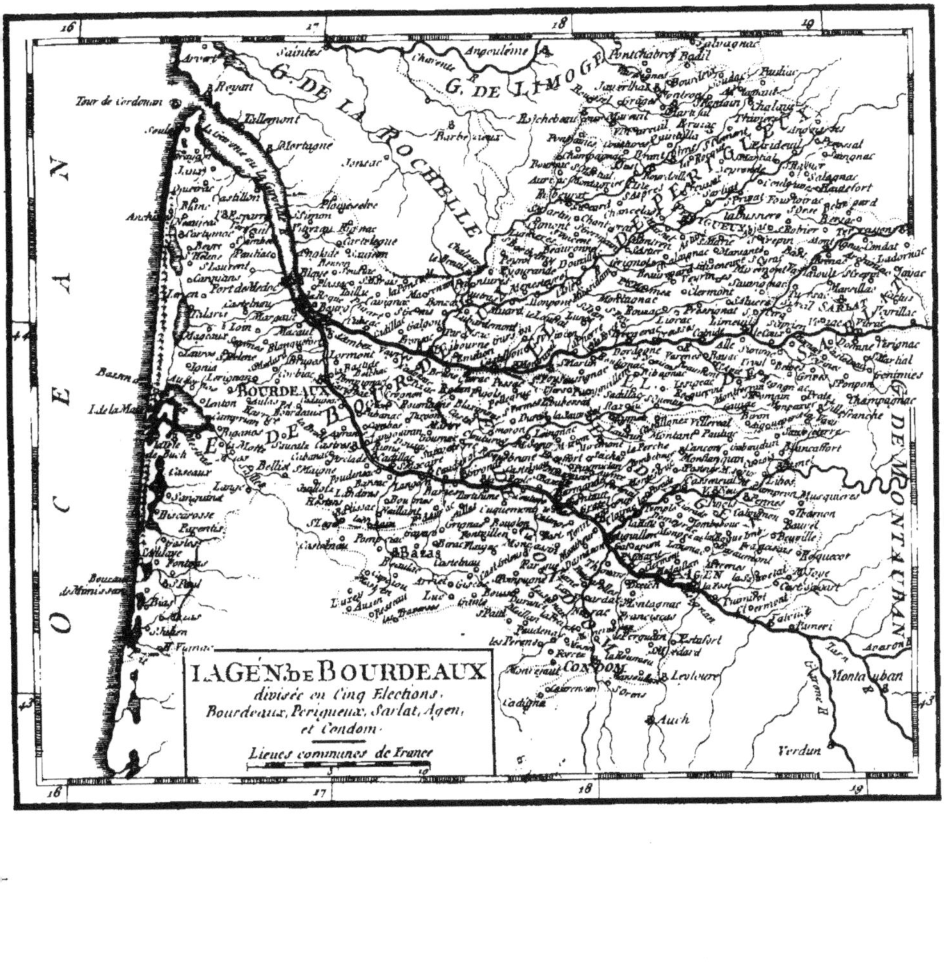
L'AGÉN.CE DE BOURDEAUX
divisée en Cinq Elections,
Bourdeaux, Perigueux, Sarlat, Agen,
et Condom.
Lieues communes de France
OCEAN
G. DE LA ROCHELLE
G. DE LIMOGES
G. DE MONTAUBAN
BOURDEAUX
CONDOM
AGEN
SARLAT
Montauban
Angoulême
Saintes
Auch

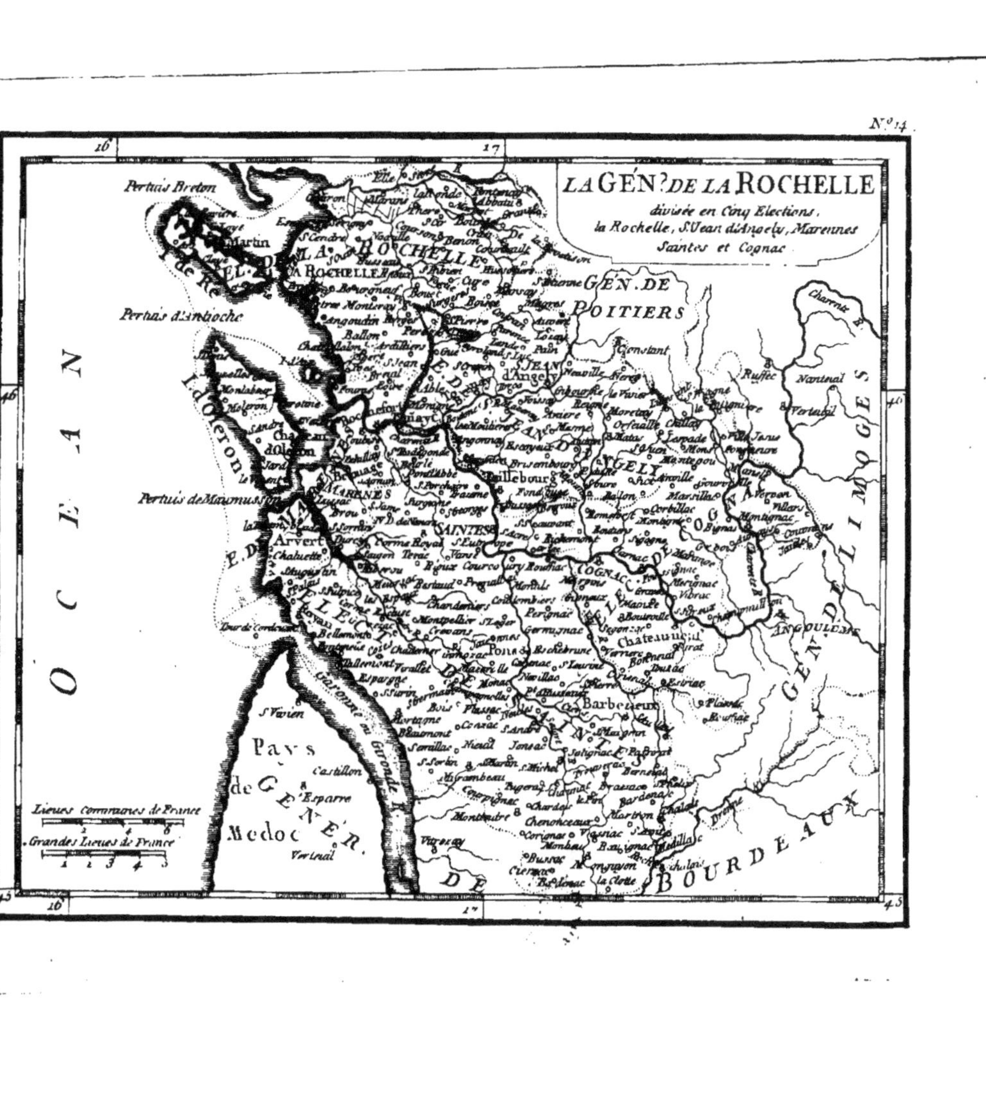

LA GÉN.ᵈᵉ DE LA ROCHELLE
divisée en Cinq Elections,
la Rochelle, S.t Iean d'Angely, Marennes
Saintes et Cognac
GÉN. DE POITIERS
GÉN. DE LIMOGES
O C E A N
Pertuis Breton
Pertuis d'Antioche
Pertuis de Maumusson
I. de Ré
I. d'Oleron
Charente R.
Pays de GÉN. Medoc
Lieues Communes de France
Grandes Lieues de France
BOURDEAUX
ANGOULESME
SAINTES
MARENNES
Arvert
Castillon
Esparre
Verteuil
Barbezieux
Constant
Ruffec
Nantueil
Vertueil

N.º 15.

G. DE LIMOGES
GÉN. DE RIOM
BOURDEUX
G. DE MONPELLIER
G. D'AUCH
GÉN. DE TOULOUSE
GÉN. DE

FIGEAC
CAHORS
VILLEFRANCHE
RHODEZ
MILHAU
MONTAUBAN

LA GÉN. DE MONTAUBAN
divisée en Six Elections.
Montauban, Cahors, Figeac, Villefranche,
Rhodez, et Milhau.

Lieues Communes de France.
Grandes Lieues de France.

No 10.
LA GÉN. D'AUCH En Six Elect.
d'Auch ou d'Armagnac, des Lanes, de
Lomagne, Riviere-Verdun, d'Estarac, de Co-
menges, le Nebouzan, les 4 Vallées, la B.té Navarre,
le Bearn en 5 Senechaussées, les Comtés de Bigorre, de
Soule, Les Pays de Labourt, de Marsan, et Gabardan.
Lieues com. de France.
Gr. Lieues de France.
DE BOURDEAUX
OCEAN
ESPAGNE
G. DE MONTAUBAN
G. DE TOULOUSE
MT. PYRENÉES
BEARN
ARMAGNAC
D'ESTARAC
MIRANDE
AUCH
LECTOURE
MARSAN
LANDES
LABOURT
BAIONNE
TARBES
CONDOM

LA GÉNÉRALITÉ DE ROUEN
divisé en ses Quatorze Elections.

Scavoir de Rouen, du P.t Audemer, de P.t l'Eveque, de Monti-
villiers, de Caudebec, d'Arques, de Neuchatel, de Lions, de
Magny, de Vernon, du Pont de l'Arche, et d'Evreux.

LA GÉNÉRALITÉ DE CAEN
divisée en ses Neuf Elections
Scavoir, de Caen, de Baïeux, de Vire, de Mortain, d'Avranches, de Coûtances, de Carentan, et de Valognes.
Cap de la Hague
Cap Barfleur
Aurigny I.
les Trepieds
Sers I.
Gerzey I.
S. Hélier
Banc Grelets
les Minquiers
Isles de Chausey
ELECTION DE VALOGNES
Surtainville
Carteret
Barneville
Portbail
S. Germain
Coutances
Siemne
Montmartin
Anneville
Brehal
Coudeville
Granville
ELECTION DE COUTANCES
ELECTION DE CARENTAN
Carentan
S. Maurus
ELECTION DE S. LO
ELECTION D'AVRANCHES
Avranches
Genets
Pontorson
S. James
S. Ouen
S. Georges
ELECTION DE MORTAIN
Mortain
Fontenelles
ELECTION DE CAEN
Bayeux
CAEN
Havre de Grace
Seine R.
Touques
Villers
Dive
Danestal
Beuvron
Cambremer
ELECTION DE VIRE
VIRE
Flers
GÉNÉRALITÉ D'ALENÇON
Lieues communes de France.
4   8   12
16   17

N.º 49
LA GÉNÉR.ᵉ D'ALENÇON
divisée en ses Neuf Elections, Sçavoir
d'Alençon, de Mortagne, de Vernuil, de Conches, de
Bernay, de Lizieux, d'Argentan, de Falaise,
et Domfront
L A Drieulle
Havre de Grace
Caudebec
ROUEN
la Seine
Honfleur
Quillebœuf
Pont Augemer
GÉNÉR.ᵉ DE ROUEN
Bourgachart
le Thau
le Houleb
le Bec
S.ᵗ Paul
S.ᵗ Ansreville
Yville
Tavonville
Villetes
Dive
Beaumone
S. Pilleévre
Dauzuley
Nexville
Arthon
Bernay
Picnechon
Paçy
CAEN
Argence
Queroville
Droilnut
Bernay
S.ᵗ Mernille
Eren
Bretoville
Beaumont
Ore
Evreux
Conde
Plessis
Cromont
Conches
Mantelon
Poulonge
S.ᵗ Andre
Beauchai
Dauville
Creton
S.ᵗ Maclou
Breteuil
Illiars
Brigle
GÉNÉRALITÉ DE CAEN
Argentan
Verneuil
FALAISE
Nonnant
Domfront
Meylle
Boubrou
Mortagne
Longny
Njeufchatel
Chantrigné
ALENÇON
le Bois
Bouchy
Aire
Madré
Champrond
Non villiers
Remer
Bellou
MORTAGNE
Combref
la Route
Pierrote
ELECT. D'ALENÇON
Licues communes de France.
4   8   12
17   18   19

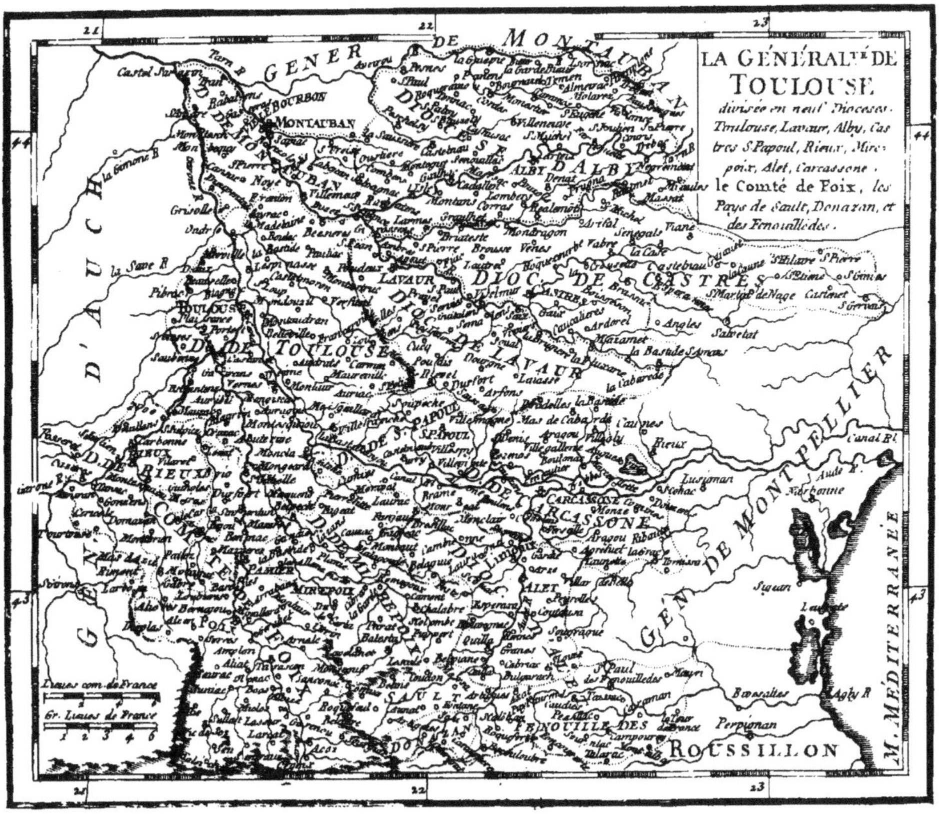
LA GÉNÉRALTÉ DE
TOULOUSE
divisée en neuf Dioceses.
Toulouse, Lavaur, Alby, Castres S.Papoul, Rieux, Mirepoix, Alet, Carcassone.
le Comté de Foix, les Pays de Sault, Donazan, et des Fenouillèdes.
Lieues com. de France
Gr. Lieues de France
GENER DE MONTAUBAN
MONTAUBAN
TOULOUSE
LAVAUR
DIOC. DE CASTRES
ROUSSILLON
M. MEDITERRANÉE
GEN. DE MONTPELLIER
D'AUCH

LA GENER. DE MONPELLIER
divisée en Douze Diocese
le Puy, Viviers, Mende, Alais, Uzes, Niemes, Monpellier
Lodeve, S. Pons, Beziers, Agde et Narbonne.

Lieues Comm. de France
Grandes Lieues de France

GEN. DE RIOM
GÉNER. DE MONTAUBAN
DAUPHINÉ
PROVENCE
GÉNÉRALITE
DE TOULOUSE
MER MÉDITERRANÉE

DIOC. DE MENDE
MENDE
DIOC. DE VIVIER
VIVIER
ALAIS
DIOC. D'UZÈS
UZES
NISMES
DIOC. DE NISMES
MONPELLIER
DIOC. DE NARBONNE

Alby
Castre
Millau
Canal Royal
Avignon
Montelimart
Orange
Narbonne
Nouvelle

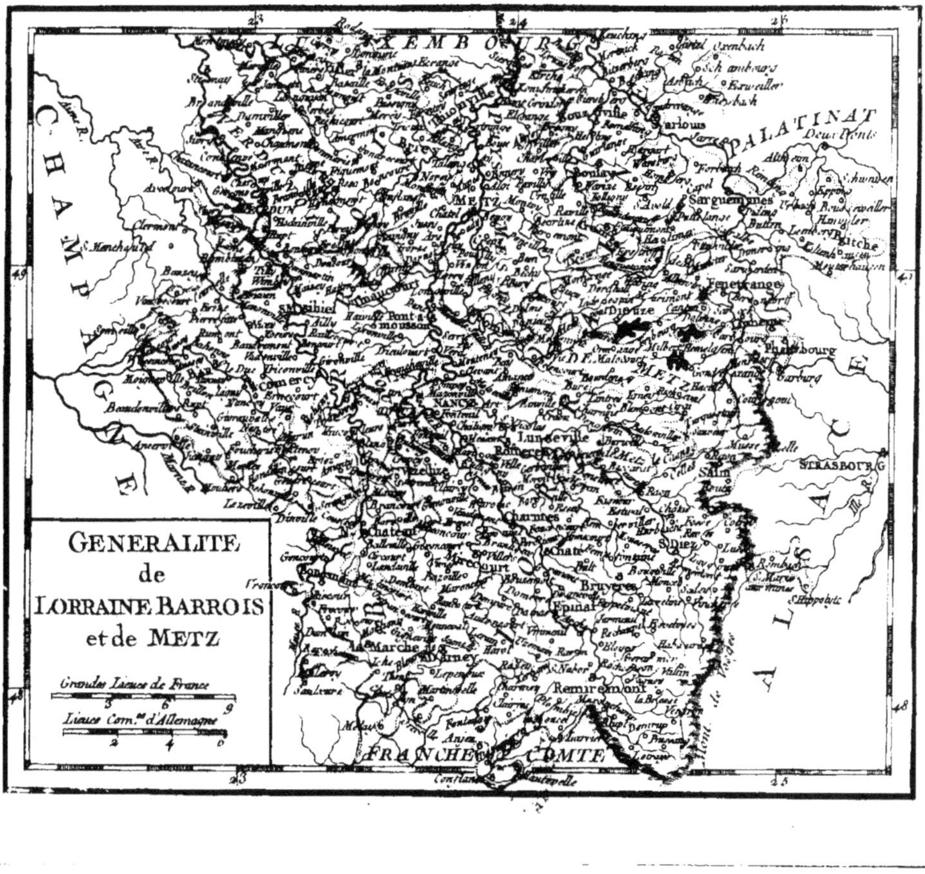

GENERALITE
de
LORRAINE BARROIS
et de METZ

Grandes Lieues de France

Lieues Com.ᵉˢ d'Allemagne

CHAMPAGNE

LUXEMBOURG

PALATINAT

Deux Ponts

Sarguemines

Pitche

Fenetrange

Dieuze

Phalsbourg

ALSACE

STRASBOURG

Salm
bourg

METZ

NANCY

Luneville

S. Diey

Bruyeres

Epinal

Remiremont

Charmes

FRANCHE COMTE

N.º 22

LE D.che DE BOURGOGNE, ou
LA GÉN.e DE DIJON
divisée en XIX Bailliages,
11 Grands, et 8 Subalternes.
Dijon, Chatillon-Sur-Seyne, Semur-en-
Auxois, Auxerre, Autun, Challon, Cha-
rolles, Mâcon, Bugey, et l'Election de
Bresse. Avallon, Arnay-le-Duc,
Beaune, Nuis. S. Jean-de-Lone, Auxo-
ne Montcenis, Bourbonlancy. Sem:
ur-en-Brienois. la Princip.é d.e Dombe.
Lieues Comm. de France.
3   6   9   12
Grandes Lieues de France.
5   10
GÉN. DE PARIS
DE CHAALONS
AUXERRE
GÉN. DE MOULINS
COMTÉ DE BOURGOGNE
SAVOYE
GÉN. DE LYON
GÉN.
LYON
DAUPHINÉ

N.º 25.

LE DAUPHINÉ
divisé par Pays.
Viennois, Valentinois,
Grésivaudan, Briançonois,
Gapençois, Embrunois,
les Baronies.

LIONOIS

FOREZ

LANGUEDOC

ÉTATS DU ROI DE SARDAIGNE

PROVENCE

VIENNOIS

GRESIVAUDAN

BRIANÇONOIS

EMBRUNOIS

DIOIS

GAPENÇOIS

LES BARONIES

LYON

Vienne

CHAMBERI

GRENOBLE

S. Jean de Maurienne

Briançon

Valence

Die

Gap

Barcelonette

Sisteron

Lieues communes de France

Lieues Communes du Dauphiné

LANGUEDOC
DAUPHINE
ITALIE
Sources du Po
MER MEDITERRANÉE
Isles d'Hyères
LA PROVENCE
divisée en 22 Vigueries;
la Vallée de Barcelonete, le Comtat
Venaiscin, la Principauté d'Orange.
Lieues de Provence.
Lieues Communes de France.
Vigueries.
Aix, Arles, Tarascon, Apt, Forcalquier,
Sisteron, Seyne, Digne, Colmars, Anot,
Guillaume, S. Paul, Grasse, Draguignan,
Castelane, Moutiers, Barjols, S. Maximin,
Aups, Hyeres, et Toulon.

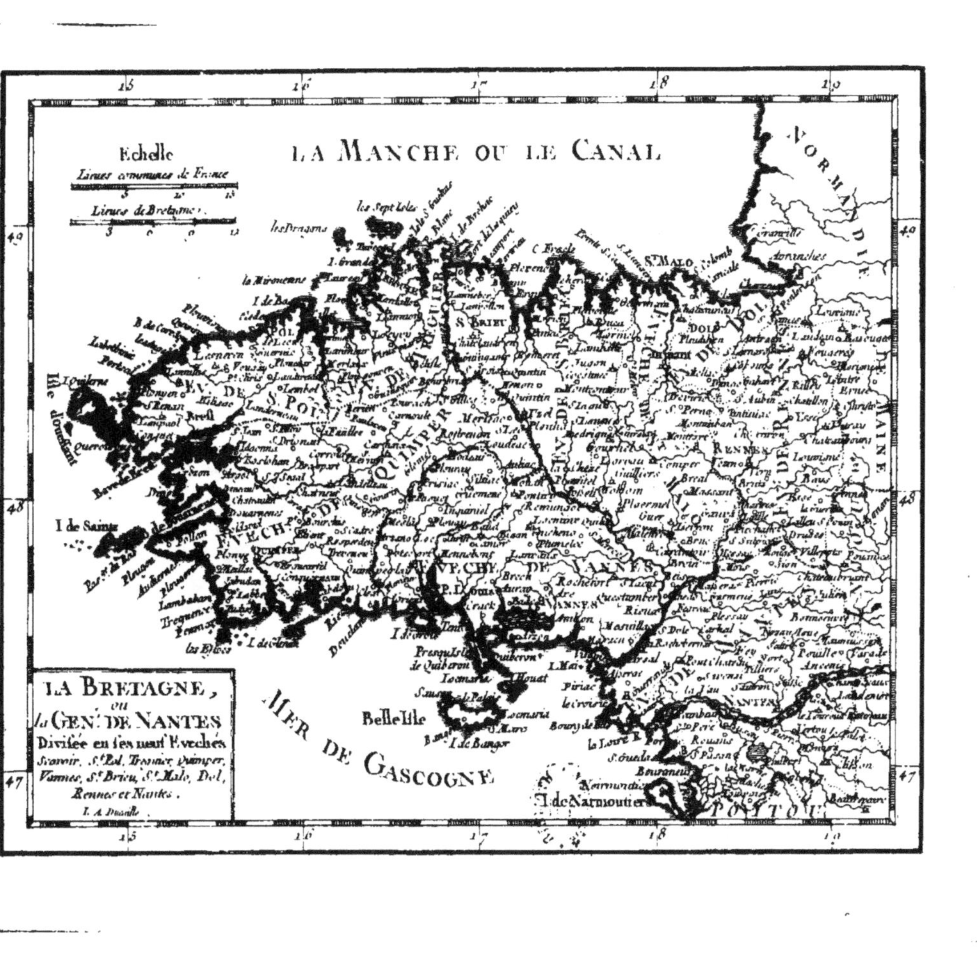
Echelle
Lieues communes de France
Lieues de Bretagne
LA MANCHE OU LE CANAL
NORMANDIE
les Sept Isles
les Bragans
St MALO
DOL
EVÉCHÉ DE POL
EVÉCHÉ DE TREGUIER
St BRIEU
EVÉCHÉ DE ST BRIEU
EVÉCHÉ DE ST MALO
RENNES
DE RENNES
EVÉCHÉ DE QUIMPER
VANNES
EVÉCHÉ DE VANNES
MAINE
I de Sains
I de Groa
Presqu'Isle de Quiberon
Belleisle
I de Bangor
MER DE GASCOGNE
NANTES
I de Narmoutiers
POITOU

LA BRETAGNE,
ou
la GEN.ᵉ DE NANTES
Divisée en ses neuf Evechés
Scavoir, St Pol, Treguier, Quimper,
Vannes, St Brieu, St Malo, Dol,
Rennes et Nantes.
I. A. Dusille

L'ALSACE
divisé
en ses Principales parties
le Suntgau, la Haute,
et Basse Alsace.

Lieuës Comm. de France
Grandes Lieuës de France
Lieuës Comm. d'Allemagne
Grandes Lieuës d'Allemagne.

LORRAINE
HAUTE ALSACE
BASSE ALSACE
SUISSE
ALLEMAGNE
BREYSGOW SOUABE
Vosges
Montagnes
Murbach
DE LA FÔRET STRASBOURG
AU Ctè DE H.

Montbelliard
Roromagni
Chastenay
Danguston
Befort
Hortemberg
Rougemont
Porentrut
Dattenrode
Rosemont
Althach
Pruit
Wolfersdorf
Brisein
Larg
Altkirch
Dalther
Grentzing
Ferrette
MULHAUSEN
Landeron
Lahdw
Hagenbach
Fis-back
Sierles
Bartenheim
BAS.B.
Ottmarsen
Rhinsfeld
Brisach
Neuenbourg
Badenviller
Borcken
Aharen
Kirtzingen
Raon l'Etape
Blanmot
S. Dié
Purquastaim
Sarrebourg
Wackenbach Dachspurg
Hohenstein
Grandelbru Haslach
Manmister Saverne
Lützel
Neubourg
Busweiler
AU Ctè
Crochtenberg
Wulenbach
Ellenburg
Arnsperg
Philipsbourg
COLMAR
Schlettstadt
Marckolsheim
Kintzeim
Ste. Marie aux mines Schelesladt
Urbi
Murbach
Mausmister
Wildenheim
MOLBRONN
STRASBOURG
Illkirch
Millen
Wald Inheim
Bruny
Wanternheim
Etreyhoure
Ettenheim
Offenburg
Lorr
Liechtenau
Wagenbach
Oberkiron
Zell
Oppenheim
Walstroh
Elkfach
Sethe Offen
Wilfret
Schurreberg
Rastatt
Gremberg
Baden
Ibersteim
Ettingen
Mulberg
Durlach
WILBENBURG
Steinbach
Schonart
Rhin R.

N.° 29.
GÉNÉR. DE TOULOUSE
G. D'AUCH
MÉDITERRANÉE
ESPAGNE
CATALOGNE
CERDE.
MERS
LE ROUSSILLON
divisée en
Cerdagne, Capsir,
Conflans, Vals de Carol,
et de Spir.
Grandes Lieues de France
Lieues de Catalogne

PRIVILEGE DU ROY

Louis par la Grace de Dieu Roy de France et de Navarre à nos amés et feaux Conseillers les gens tenant nos Cours de Parlt. Mes. des requestes ord.re de notre Hôtel grand Conseil, Prevost de Paris, Baillifs, Senechaux, leurs Lieutenans Civils et autres nos Justiciers qu'il app.tra. Salut notre amé le S.r Louis Alexandre Du Caille Nous a fait exposer qu'il desireroit faire Imprimer et donner au Public un Ouvrage qui a pour titre Recrenues Geographiques s'il nous plaisoit lui accorder nos Lettres de Privilege pour ce necessaires. A ces causes voulant favorablement traiter l'Exposant Nous luy avons permis et permettons par ces presentes de faire Imprimer le d. ouvrage autant de fois que bon lui Semblera et de le faire vendre et débiter partout notre Royaume pendant le tems de douze années consecutives à compter du jour de la datte des presentes. Faisons deffences à tous Imprimeurs Libraires et autres personnes de quelque qualité et condition qu'elles soient d'en introduire d'impression étrangere dans aucun lieu de notre obeissance. Comme aussi d'imprimer ou faire imprimer, vendre, faire vendre debiter ni contrefaire le d. ouvrage ni d'en faire aucun Extrait sous quelque pretexte que ce soit sans la permission Expresse et par ecrit du d. Exposant ou de ceux qui auront droit de lui à peine de confiscation des Exemplaires contrefaits, de trois mil livres d'amande contre chacun des contrevenans, dont un tiers à nous, un tiers à l'Hotel Dieu de Paris et l'autre tiers au d. Exposant ou à celui qui aura droit de lui et de tous depens, dommages et Interests. A la Charge que ces presentes seront enregistrées tout au long sur le reg.re de la Com.té des Imp.rs et Libraires de Paris dans trois mois de la datte d'icelles que l'impression dud. ouvrage sera faite dans notre Royaume et non ailleurs en bon papier et beaux Caracteres conformement à la feuille imprimée attachée pour model sous le contre Scel des presentes, ou l'imprimeur se conformera en tout aux reglemens de la Librairie et nottam.t celui du 10 avril 1725, qu'avant de l'exposer en vente le Manuscrit qui aura servi de Copie à l'impression dud. Ouvrage sera remis dans le même Etat où l'approbation y aura esté donnée ès mains de notre tres cher et féal Che. Chanc.r de France le S.r Delamoignon et qu'il en sera ensuite remis 2. Exemp. dans notre Bibliotheque publique, un dans celle de notre Chateau du Louvre, et un dans celle de notre d. tres cher et féal Ch.er Chanc.r de France le S.r Delamoignon, le tout à peine de nullité des presentes. Du contenu desquelles vous mandons et enjoignons de faire jouir le d. Exposant et ses ayans causes pleinement et paisiblement sans souffrir qu'il leur soit fait aucun trouble ou empechement. Voulons que la copie des presentes qui sera imprimée tout au long au commencement ou à la fin du d. ouvrage soit tenue pour duement Signiffiée et qu'aux copies collationnées par un de nos amés et feaux Cons.rs Secretaires foy soit ajoutée comme à l'original. Commandons au p.r notre Huissier ou Sergent sur ce requis de faire pour l'execution d'icelles tous actes requis et necessaires sans demander autre permission et nonobstant clameur de Haro, Charte Normande et Lettres à ce contraires Car tel est notre plaisir Donné à Versailles le Dixieme Jour du mois de May, l'an de grace mil sept cent soixante. Et de notre Regne le Quarante cinquieme.

PAR LE ROY EN SON CONSEIL

Le Beque

Registré sur le Registre XV. de la Chambre Royale et Syndicale des Libraires et Imprimeurs de Paris N°. 6. fol. 73. conformem.t au Reglement de 1723. qui fait deffences article 4. à toutes personnes de quelque qualité et condition qu'elles soient autres que les Libraires et Imprimeurs de vendre, debiter, faire afficher aucuns Livres pour les vendre en leurs noms soit qu'ils s'en disent les auteurs ou autrement et à la charge de fournir à la Susdite Chambre neuf exemplaires prescrits par l'article 108. du même Reglement. A Paris ce 12. May 1760.

Saugrain Syndic